DK So werde ich groß

Frosch

DORLING KINDERSLEY
LONDON, NEW YORK, TORONTO,
MELBOURNE, MÜNCHEN und DELHI

Text und Redaktion Lisa Magloff
Gestaltung Sonia Whillock,
Mary Sandberg, Sadie Thomas

Cheflektorat Sue Leonard
Chefbildlektorat Clare Shedden
Covergestaltung Katy Wall
Bildrecherche Julia Harris Voss
Herstellung Shivani Pandey
DTP-Design Almudena Díaz
Fachliche Beratung Barbara Taylor

Bibliografische Information Der Deutschen Bibliothek
Die Deutsche Bibliothek verzeichnet diese Publikation
in der Deutschen Nationalbibliografie;
detaillierte bibliografische Daten sind im Internet
über http://dnb.ddb.de abrufbar.

Titel der englischen Originalausgabe:
Watch me grow: Frog

Übersetzung Wiebke Krabbe

ISBN 3-8310-0493-5

Colour reproduction by GRB Editrice S.r.l.,
Verona, Italy
Printed and bound by
South China PrintingCo, Ltd., China

Besuchen Sie uns im Internet
www.dk.com

Schau mal, wie kleine Frösche groß werden!

Inhalt

4-5
Ich bin ein Frosch

6-7
So fing es an

8-9
Nun wachse ich in meinem Ei

10-11
Es wird Zeit zum Schlüpfen

12-13
Vier Wochen alt – jetzt bekomme ich Zähne

14-15
Halb bin ich Kaulquappe, halb schon Frosch

16-17
Ich kann aus dem Wasser steigen

18-19
Ein Satz vom Land ins Wasser

20-21
Kreislauf des Lebens

22-23
Meine Freunde aus aller Welt

24
Schwierige Wörter

Ich bin ein Frosch

Ich quake gern. Meine Haut ist glitschig. Ich lebe im Wasser und an Land. Ich habe lange Beine und kann sehr hoch springen.

Ein Frosch hat eine weiche, feuchte Haut.

Hier bin ich mit meinen Frosch-Freunden in unserem Teich.

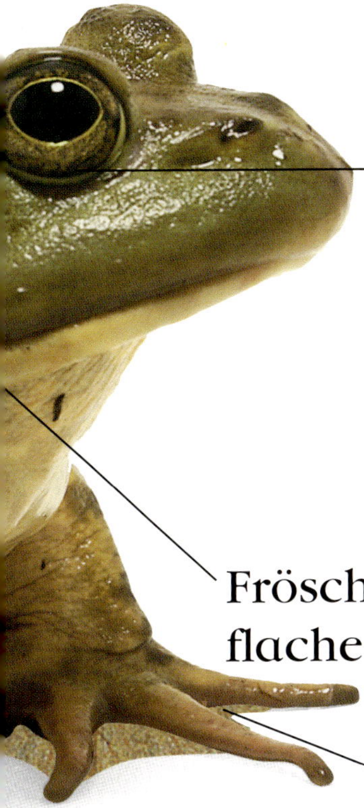

Mit großen Augen finden Frösche leichter Nahrung.

Frösche haben flache Ohren.

Frösche haben Schwimmhäute zwischen den Zehen.

Plitsch-platsch!

Frösche lieben Wasser. Man findet sie in Teichen, Flüssen und auf feuchten Wiesen.

Blättere um und lies, wie mein Leben anfing.

So fing es an

Mama hat in einem Teich viele Tausend Eier gelegt. Dann hat Papa sie befruchtet. Dazu musste er ganz nah bei Mama bleiben, während sie die Eier legte.

Froschkonzert

Quaken ist die Sprache der Frösche. Durch das Quaken verraten die Männchen den Weibchen auch, wo sie stecken.

Eine Menge Froscheier nennt man Froschlaich.

Papa hielt sich an Mama fest, während sie die Eier legte.

Der Bauch des Weibchens ist voller Eier.

Na Sowas!

- Ein Froschweibchen kann bis zu 4000 Eier legen.
- Froscheier enthalten auch Nahrung, damit die winzigen Kaulquappen etwas zu fressen haben.

Nun wachse ich in meinem Ei

Ich habe schon einen Schwanz und Kiemen. In ein paar Tagen bin ich groß genug, um zu schlüpfen.

Schwarzes Ei

Das Leben eines Frosches beginnt als winziges, schwarzes Ei. Die Hülle aus weicher Gallerte ist ein schützendes Polster.

Nach neun Tagen ist eine Kaulquappe fast groß genug, um zu schlüpfen.

Na Sowas!

- Froschlaich treibt auf der Wasseroberfläche, wo er von der Sonne gewärmt wird.
- Die Gallerte quillt im Wasser auf, damit die Eier gut geschützt sind.
- Nach etwa 10 Tagen schlüpfen die Kaulquappen aus den Eiern.

Nach 10 Tagen schiebe ich mich durch die klebrige Gallerte.

Es wird Zeit zum Schlüpfen

Wenn ich geschlüpft bin, schwimme ich schnell an die Oberfläche des Teiches. Dort finde ich reichlich Nahrung.

Hunderte von Kaulquappen schlüpfen gleichzeitig.

Es dauert einen ganzen Tag, bis eine Kaulquappe geschlüpft ist.

Nach dem Schlüpfen ruhen sich die Kaulquappen einige Minuten aus, dann schwimmen sie davon.

Kiemen

Kaulquappen können im Wasser atmen, weil sie Kiemen haben, mit denen sie Sauerstoff aus dem Wasser aufnehmen.

Vier Wochen alt – jetzt bekomme ich Zähne

Endlich kann ich kleine Wassertiere fressen. Wenn ein großer, leckerer Wurm vorbeitreibt, teile ich ihn mir mit meinen Brüdern und Schwestern.

Kaulquappen haben winzige Zähne, mit denen sie ihr Futter kauen.

Na Sowas!

- Mit vier Wochen wächst Haut über die Kiemen. Nun entwickeln sich die Lungen.
- Die meisten Kaulquappen werden gefressen, ehe sie groß sind.

Gefahr!

Auch andere Teich-Bewohner suchen nach Nahrung. Kaulquappen müssen schnell schwimmen, um sich vor hungrigen Fischen in Sicherheit zu bringen.

Halb bin ich Kaulquappe, halb schon Frosch

Wenn ich sechs Wochen alt bin, beginnen meine Beine zu wachsen. Die Beine helfen mir beim Schwimmen. Ich sehe schon aus wie ein kleiner Frosch, aber ich habe noch meinen Ruderschwanz.

Keine Arme

Zuerst wachsen der Kaulquappe die Hinterbeine, erst dann die Vorderbeine. Auch Kopf und Körper werden nun größer.

Die Beine beginnen zu paddeln, der Schwanz wird kürzer.

Junge Frösche fressen gerne solche knackigen Wasserkäfer.

Na Sowas!

- Es dauert etwa 14 Tage, bis aus einer Kaulquappe ein kleiner Frosch wird.
- Der Frosch hat Lungen. Er muss immer wieder an die Wasseroberfläche kommen, um Luft zu holen.

Ich kann aus dem Wasser steigen

Nach drei Monaten atme ich durch meine Lungen und sogar durch meine Haut. Jetzt kann ich an Land leben.

Klein, kleiner, weg!

Wenn ich 13 Wochen alt bin, ist mein Schwanz beinahe verschwunden. Nur ein kleiner Stummel ist noch übrig.

Nach drei Jahren bin ich so groß wie deine Faust.

Na Sowas!

- Ein ausgewachsener Frosch ist zehn Mal größer als das Fröschlein, wenn es zum ersten Mal an Land kommt.
- Junge Frösche kann man am besten im Sommer beobachten.

Ein Satz vom Land ins Wasser

Damit ich gesund bleibe, muss meine Haut immer feucht sein. Wenn ich an Land gefressen habe, gehe ich gleich ein bisschen schwimmen.

Na Sowas!

- Könntest du so gut springen wie ein Frosch, dann könntest du ein Fußballfeld in nur vier Sätzen überqueren.

- Frösche springen nicht aus Spaß. Sie tun es, um Nahrung zu fangen und um Feinden zu entkommen.

Zunge raus

Die Zunge eines Frosches ist sehr lang. So kann er sie weit herausschleudern, um leckere Beute zu fangen.

So geht der Kreislauf des Lebens immer weiter.

Jetzt weißt du, wie aus dem Ei ein Frosch wird.

Quak-Quak. Bis zum nächsten Frühling!

Meine Freunde aus aller Welt

Der winzige Baumfrosch ist nur so groß wie ein Fingernagel.

Der leuchtend grüne Riedfrosch kann besonders laut quaken.

Der Korallenfinger aus Australien kann über 20 Jahre alt werden.

Der Pfeilgiftfrosch hat leuchtende Farben – als Warnung für andere Tiere.

Der knubbelige Hornfrosch wird

Meine Froschfreunde in anderen Ländern haben viele verschiedene Farben und Formen, die ihnen helfen in ihrer Heimat zu überleben.

Der Ochsenfrosch ist immer hungrig.

Der Tomatenfrosch heißt, wie er aussieht: rot und rund.

auch „Maul auf Beinen" genannt.

Na Sowas!

- Der größte Frosch der Welt ist der afrikanische Goliathfrosch. Er kann 30 cm lang werden.
- Manche Frösche sind so giftig, dass sie einen Menschen töten können.
- 1977 stellte ein Wasserfrosch den Rekord im Dreisprung auf: Er schaffte 10 m.

Schwierige Wörter

Schwimmhäute

Dünne Häute zwischen den Zehen, die beim Schwimmen helfen.

Kiemen

Ein Körperteil, der den Kaulquappen unter Wasser beim Atmen hilft.

Froschlaich

So nennt man viele Froscheier, die gemeinsam im Wasser treiben.

Kaulquappe

Ein frisch geschlüpfter Frosch. Kaulquappen haben Schwänze und leben im Wasser.

Schlüpfen

Wenn ein junger Frosch schlüpft, kriecht er aus seinem Ei.

Ruderschwanz

Er hilft der Kaulquappe vorwärts zu kommen. Beim Frosch ist er verschwunden.

Danksagung

Dorling Kindersley dankt folgenden Institutionen und Personen für die freundliche Genehmigung zum Abdruck von Fotos:
o = oben, u = unten, m = Mitte, l = links, r = rechts, g = ganz oben
1: Getty images/David Aubrey m; 2-3: ImageState Pictor Ltd/Paul Wenham-Clarke; 4-5: Getty Images; 5: Getty Images gr; 6: Stuart R. Harrop um; 7: FLPA - Images of Nature/Derek Middleton m; 8: N.H.P.A./Roger Tidman m; 9: N.H.P.A./Stephen Dalton m; 10-11: ImageState Pictor Ltd; 11: Stuart R. Harrop/Prof. ur; 12: N.H.P.A./Stephen Dalton m; 13: Getty Images ur; 14-15: N.H.P.A./G. I. Bernard; 16-17: Getty Images; 17: ImageState Pictor Ltd/Paul Wenham-Clarke r; 18-19: ImageState Pictor Ltd/Paul Wenham-Clarke; 19: N.H.P.A./Stephen Dalton mr; 20: N.H.P.A./Laurie Campbell m; Stephen Dalton gml; 23: Jerry Young gr; 24: N.H.P.A./Roger Tidman ml.

Cover: Jerry Young um.